ihappy

Nalle Windahl

Vad, varför, hur, när?

First edition

Förlag: BoD – Books on Demand, Stockholm, Sverige
Tryck: BoD – Books on Demand, Norderstedt, Tyskland

ISBN: 978-91-8007-654-8

Vad?

Varför?

Hur?

När?

Är det gjort? Fyll i stjärnan och njut av
att du lyckats med det du önskade!

Bra jobbat!

Vad?

Varför?

Hur?

När?

Är det gjort? Fyll i stjärnan och njut av
att du lyckats med det du önskade!

Bra jobbat!

Vad?

Varför?

Hur?

När?

Är det gjort? Fyll i stjärnan och njut av
att du lyckats med det du önskade!

Bra jobbat!

Vad?

Varför?

Hur?

När?

Är det gjort? Fyll i stjärnan och njut av
att du lyckats med det du önskade!

Bra jobbat!

Vad?

Varför?

Hur?

När?

Är det gjort? Fyll i stjärnan och njut av
att du lyckats med det du önskade!

Bra jobbat!

Vad?

Varför?

Hur?

När?

Är det gjort? Fyll i stjärnan och njut av
att du lyckats med det du önskade!

Bra jobbat!

Vad?

Varför?

Hur?

När?

Är det gjort? Fyll i stjärnan och njut av
att du lyckats med det du önskade!

Bra jobbat!

Vad?

Varför?

Hur?

36

När?

Är det gjort? Fyll i stjärnan och njut av
att du lyckats med det du önskade!

Bra jobbat!

Vad?

Varför?

Hur?

När?

Är det gjort? Fyll i stjärnan och njut av
att du lyckats med det du önskade!

Bra jobbat!

Vad?

Varför?

Hur?

När?

Är det gjort? Fyll i stjärnan och njut av
att du lyckats med det du önskade!

Bra jobbat!

Vad?

Varför?

Hur?

När?

Är det gjort? Fyll i stjärnan och njut av
att du lyckats med det du önskade!

Bra jobbat!

Vad?

Varför?

Hur?

När?

Är det gjort? Fyll i stjärnan och njut av
att du lyckats med det du önskade!

Bra jobbat!

Vad?

Varför?

Hur?

När?

Är det gjort? Fyll i stjärnan och njut av
att du lyckats med det du önskade!

Bra jobbat!

Vad?

Varför?

Hur?

När?

Är det gjort? Fyll i stjärnan och njut av
att du lyckats med det du önskade!

Bra jobbat!

Vad?

Varför?

Hur?

När?

Är det gjort? Fyll i stjärnan och njut av
att du lyckats med det du önskade!

Bra jobbat!

Vad?

Varför?

Hur?

När?

Är det gjort? Fyll i stjärnan och njut av
att du lyckats med det du önskade!

Bra jobbat!

Vad?

Varför?

Hur?

När?

Är det gjort? Fyll i stjärnan och njut av
att du lyckats med det du önskade!

Bra jobbat!

Vad?

Varför?

Hur?

När?

Är det gjort? Fyll i stjärnan och njut av
att du lyckats med det du önskade!

Bra jobbat!

Vad?

Varför?

Hur?

När?

Är det gjort? Fyll i stjärnan och njut av
att du lyckats med det du önskade!

Bra jobbat!

Vad?

Varför?

Hur?

När?

Är det gjort? Fyll i stjärnan och njut av
att du lyckats med det du önskade!

Bra jobbat!

Vad?

Varför?

Hur?

När?

Är det gjort? Fyll i stjärnan och njut av
att du lyckats med det du önskade!

Bra jobbat!

Vad?

Varför?

91

Hur?

När?

Är det gjort? Fyll i stjärnan och njut av
att du lyckats med det du önskade!

Bra jobbat!

Vad?

Varför?

Hur?

När?

Är det gjort? Fyll i stjärnan och njut av
att du lyckats med det du önskade!

Bra jobbat!

Vad?

Varför?

Hur?

När?

Är det gjort? Fyll i stjärnan och njut av
att du lyckats med det du önskade!

Bra jobbat!

Vad?

Varför?

Hur?

När?

Är det gjort? Fyll i stjärnan och njut av
att du lyckats med det du önskade!

Bra jobbat!

Vad?

Varför?

Hur?

När?

Är det gjort? Fyll i stjärnan och njut av
att du lyckats med det du önskade!

Bra jobbat!

Vad?

Varför?

Hur?

När?

Är det gjort? Fyll i stjärnan och njut av
att du lyckats med det du önskade!

Bra jobbat!

Vad?

Varför?

Hur?

När?

Är det gjort? Fyll i stjärnan och njut av
att du lyckats med det du önskade!

Bra jobbat!

Vad?

Varför?

Hur?

När?

Är det gjort? Fyll i stjärnan och njut av
att du lyckats med det du önskade!

Bra jobbat!

Vad?

Varför?

Hur?

När?

Är det gjort? Fyll i stjärnan och njut av
att du lyckats med det du önskade!

Bra jobbat!

Vad?

Varför?

Hur?

När?

Är det gjort? Fyll i stjärnan och njut av
att du lyckats med det du önskade!

Bra jobbat!

Vad?

Varför?

131

Hur?

Är det gjort? Fyll i stjärnan och njut av
att du lyckats med det du önskade!

Bra jobbat!

Vad?

Varför?

Hur?

När?

Är det gjort? Fyll i stjärnan och njut av
att du lyckats med det du önskade!

Bra jobbat!

Vad?

Varför?

Hur?

När?

Är det gjort? Fyll i stjärnan och njut av
att du lyckats med det du önskade!

Bra jobbat!

141

Vad?

Varför?

143

Hur?

Är det gjort? Fyll i stjärnan och njut av
att du lyckats med det du önskade!

Bra jobbat!

Vad?

Varför?

Hur?

När?

Är det gjort? Fyll i stjärnan och njut av
att du lyckats med det du önskade!

Bra jobbat!

Vad?

Varför?

Hur?

När?

Är det gjort? Fyll i stjärnan och njut av
att du lyckats med det du önskade!

Bra jobbat!

Vad?

Varför?

Hur?

När?

Är det gjort? Fyll i stjärnan och njut av
att du lyckats med det du önskade!

Bra jobbat!

Vad?

Varför?

Hur?

När?

Är det gjort? Fyll i stjärnan och njut av
att du lyckats med det du önskade!

Bra jobbat!

Vad?

Varför?

Hur?

När?

Är det gjort? Fyll i stjärnan och njut av
att du lyckats med det du önskade!

Bra jobbat!

Vad?

Varför?

Hur?

När?

Är det gjort? Fyll i stjärnan och njut av
att du lyckats med det du önskade!

Bra jobbat!

Vad?

Varför?

Hur?

När?

Är det gjort? Fyll i stjärnan och njut av
att du lyckats med det du önskade!

Bra jobbat!

Vad?

Varför?

Hur?

När?

Är det gjort? Fyll i stjärnan och njut av
att du lyckats med det du önskade!

Bra jobbat!

Vad?

Varför?

Hur?

När?

Är det gjort? Fyll i stjärnan och njut av
att du lyckats med det du önskade!

Bra jobbat!

Vad?

Varför?

Hur?

När?

Är det gjort? Fyll i stjärnan och njut av
att du lyckats med det du önskade!

Bra jobbat!

Vad?

Varför?

Hur?

När?

Är det gjort? Fyll i stjärnan och njut av
att du lyckats med det du önskade!

Bra jobbat!

Vad?

Varför?

Hur?

När?

Är det gjort? Fyll i stjärnan och njut av
att du lyckats med det du önskade!

Bra jobbat!

193

Vad?

Varför?

Hur?

När?

Är det gjort? Fyll i stjärnan och njut av
att du lyckats med det du önskade!

Bra jobbat!

Vad?

Varför?

Hur?

När?

Är det gjort? Fyll i stjärnan och njut av
att du lyckats med det du önskade!

Bra jobbat!

Vad?

Varför?

Hur?

När?

Är det gjort? Fyll i stjärnan och njut av
att du lyckats med det du önskade!

Bra jobbat!

Vad?

Varför?

Hur?

När?

Är det gjort? Fyll i stjärnan och njut av
att du lyckats med det du önskade!

Bra jobbat!

Vad?

Varför?

Hur?

När?

Är det gjort? Fyll i stjärnan och njut av
att du lyckats med det du önskade!

Bra jobbat!

Vad?

Varför?

Hur?

När?

Är det gjort? Fyll i stjärnan och njut av
att du lyckats med det du önskade!

Bra jobbat!

Vad?

Varför?

Hur?

När?

Är det gjort? Fyll i stjärnan och njut av
att du lyckats med det du önskade!

Bra jobbat!

Vad?

Varför?

Hur?

När?

Är det gjort? Fyll i stjärnan och njut av
att du lyckats med det du önskade!

Bra jobbat!

Vad?

Varför?

Hur?

När?

Är det gjort? Fyll i stjärnan och njut av
att du lyckats med det du önskade!

Bra jobbat!

Vad?

Varför?

Hur?

När?

Är det gjort? Fyll i stjärnan och njut av
att du lyckats med det du önskade!

Bra jobbat!

Vad?

Varför?

Hur?

När?

Är det gjort? Fyll i stjärnan och njut av
att du lyckats med det du önskade!

Bra jobbat!

Vad?

Varför?

Hur?

Är det gjort? Fyll i stjärnan och njut av
att du lyckats med det du önskade!

Bra jobbat!

Vad?

Varför?

Hur?

När?

Är det gjort? Fyll i stjärnan och njut av
att du lyckats med det du önskade!

Bra jobbat!

Vad?

Varför?

Hur?

Når?

____

____

____

____

____

____

____

____

____

____

____

Är det gjort? Fyll i stjärnan och njut av
att du lyckats med det du önskade!

Bra jobbat!

Vad?

Varför?

Hur?

När?

Är det gjort? Fyll i stjärnan och njut av
att du lyckats med det du önskade!

Bra jobbat!

Vad?

Varför?

Hur?

När?

Är det gjort? Fyll i stjärnan och njut av
att du lyckats med det du önskade!

Bra jobbat!

Vad?

Varför?

259

Hur?

När?

Är det gjort? Fyll i stjärnan och njut av
att du lyckats med det du önskade!

Bra jobbat!

Vad?

Varför?

Hur?

När?

Är det gjort? Fyll i stjärnan och njut av
att du lyckats med det du önskade!

Bra jobbat!

Vad?

Varför?

Hur?

När?

Är det gjort? Fyll i stjärnan och njut av
att du lyckats med det du önskade!

Bra jobbat!

Vad?

Varför?

Hur?

När?

Är det gjort? Fyll i stjärnan och njut av
att du lyckats med det du önskade!

Bra jobbat!

273

Vad?

Hur?

När?

Är det gjort? Fyll i stjärnan och njut av
att du lyckats med det du önskade!

Bra jobbat!

Vad?

Varför?

Hur?

När?

Är det gjort? Fyll i stjärnan och njut av
att du lyckats med det du önskade!

Bra jobbat!

Vad?

Varför?

Hur?

Är det gjort? Fyll i stjärnan och njut av att du lyckats med det du önskade!

Bra jobbat!

Vad?

Varför?

Hur?

När?

Är det gjort? Fyll i stjärnan och njut av
att du lyckats med det du önskade!

Bra jobbat!

Vad?

Varför?

Hur?

När?

Är det gjort? Fyll i stjärnan och njut av
att du lyckats med det du önskade!

Bra jobbat!

Vad?

Varför?

Hur?

När?

Är det gjort? Fyll i stjärnan och njut av
att du lyckats med det du önskade!

Bra jobbat!

Vad?

Varför?

Hur?

När?

Är det gjort? Fyll i stjärnan och njut av
att du lyckats med det du önskade!

Bra jobbat!

Vad?

Varför?

Hur?

När?

Är det gjort? Fyll i stjärnan och njut av
att du lyckats med det du önskade!

Bra jobbat!

Vad?

Varför?

Hur?

När?

Är det gjort? Fyll i stjärnan och njut av
att du lyckats med det du önskade!

Bra jobbat!

Vad?

Varför?

Hur?

När?

Är det gjort? Fyll i stjärnan och njut av
att du lyckats med det du önskade!

Bra jobbat!

Vad?

Varför?

Hur?

När?

Är det gjort? Fyll i stjärnan och njut av
att du lyckats med det du önskade!

Bra jobbat!

Vad?

Varför?

Hur?

När?

Är det gjort? Fyll i stjärnan och njut av
att du lyckats med det du önskade!

Bra jobbat!

Vad?

Varför?

Hur?

När?

Är det gjort? Fyll i stjärnan och njut av
att du lyckats med det du önskade!

Bra jobbat!